Maravillas

MI LIBRO DE LECTURA Y ESCRITURA

Mc Graw Hill

COVER: Nathan Love.

mheducation.com/prek-12

Send all inquiries to:
McGraw-Hill Education
Two Penn Plaza
New York, New York 10121

ISBN: 978-0-07-702811-4
MHID: 0-07-702811-2

Printed in the United States of America.

9 LON 25

A

¡Bienvenidos a Maravillas!

Explora textos apasionantes de **Literatura**, **Ciencias** y **Estudios Sociales**.

- **LEE** acerca del mundo que te rodea.
- **PIENSA**, **HABLA** y **ESCRIBE** sobre géneros literarios.
- **COLABORA** en charlas e investigaciones.
- **¡EXPRÉSATE!**

my.mheducation.com

Con tus datos de acceso podrás leer textos, practicar fonética, ortografía, gramática y mucho más.

(t) George Hall/Code Red 2012; (c) Paul Souders/Photodisc/Getty Images; (bl) Rob Marmion/Shutterstock; (bc) Thomas M Perkins/Shutterstock; (br) vipman/Shutterstock

Unidad 9 Las cosas cambian

La gran idea

Semana 1 • Así creces

Recursos digitales *Consulta este libro electrónico y otros recursos en:* my.mheducation.com

Semana 2 • Buenos ciudadanos

ESTUDIOS SOCIALES

Semana 3 • Nuestros recursos naturales

David Lyons/Alamy Stock Photo

Comstock Images/Alamy

Unidad 9

Las cosas cambian

Sarah2/Shutterstock

La gran idea

¿Cómo cambian las cosas?

Comenta cómo cambia la oruga en las fotos. Responde las preguntas que haga tu compañero acerca de tus ideas.

Dibuja una mariposa.

mauribo/iStock/Getty Images

Coméntalo

Pregunta esencial ¿Cómo puedes ayudar en casa?

Comenta lo que hace este niño para ayudar en su casa.

Escribe acerca de una manera en la que tú ayudas en casa.

Comstock Images/Getty Images

Leer

Responde al Superlibro

Vuelve a contar el cuento de fantasía.

Escribe acerca del cuento.

¿De qué trata principalmente este cuento?

Evidencia en el texto

Página

¿Cómo sabes que este es un cuento de fantasía?

Evidencia en el texto

Página

Comenta las cosas que Isabel aprende a hacer sola.

Escribe acerca de las cosas que aprendiste a hacer solo este año.

Este año aprendí

Haz inferencias

El **tema** de un cuento puede ser su mensaje o lección. Comenta lo que hace Isabel en la historia que les cuenta a los juguetes. ¿Cómo te ayuda esto a entender el tema del cuento?

Releer

Superlibro

Los sucesos de un cuento forman la trama. La trama tiene un principio, un medio y un final.

Escucha el cuento.

Comenta la trama. ¿Qué sucede al **principio**, en el **medio** y al **final** del cuento?

Escribe acerca de lo que sucede.

Acuérdate

¿Hubo alguna parte del cuento que no entendiste? ¿Cómo te ayudó lo que ya sabías acerca del tema del cuento a entenderlo mejor?

Principio

Medio

Final

Releer **Superlibro**

Escucha y **mira** las páginas 8 y 9.

Comenta qué claves da el autor para mostrar cómo se sienten los juguetes.

Escribe y **dibuja** acerca de las claves.

Claves de las palabras	Claves de las ilustraciones

¿Cómo se sienten los personajes?

Escucha y **mira** las páginas 10 a 19.

Comenta cómo muestra el autor las cosas que aprende a hacer Isabel.

Dibuja y **rotula** una de esas cosas.

Lectura compartida

Buscar evidencias

Lee el título. Mira la ilustración. Piensa en lo que quieres saber de este cuento.

Encierra en un círculo y lee la palabra **hago**.

En familia

Mariana Vargas

—Yo hago mi cama —dice Zabi.

—Yo hago la mía —dice Lázaro.

Zabi ayuda y Lázaro ayuda.

Lectura compartida

Buscar evidencias

Lee y señala cada oración. Asegúrate de leer cada página de arriba hacia abajo y de izquierda a derecha.

Encierra en un círculo las palabras que tienen la sílaba **za**.

Lázaro lleva una taza.

Zabi lleva la jalea.

—Toma, Lázaro —dice papá.

Lázaro pasea a Chuzo.

Zabi va con Lázaro.

Chuzo pasea y goza.

Lectura compartida

Buscar evidencias

Haz las preguntas que tengas acerca del cuento mientras lees. Lee para hallar las respuestas.

Encierra en un círculo la palabra **familia**. Encierra también en un círculo a los miembros de la familia.

Papá lava el carro.

Zabi lo ayuda.

Lázaro barre todo.

Es el carro de la familia.

Mamá maneja.

—Sube, Zabi —dice Lázaro.

Lectura compartida

Buscar evidencias

Encierra en un círculo lo que Lázaro pone en el carrito.

Haz las preguntas que tengas después de leer. Esto te ayudará a comprender el cuento. Luego, vuelve a contar el cuento.

Lázaro pone una papa.

Zabi pone una caja.

Mamá lleva el carrito.

Zabi pone leche.

Lázaro bate y goza.

La familia Zamora colabora.

Releer

Lectura complementaria

Escucha la obra de teatro y **mira** las ilustraciones. ¿Cómo ayudan los miembros de esta familia?

Encierra en un cuadrado a cada personaje de la obra de teatro.

Encierra en un círculo al narrador.

Acuérdate

- Un **drama**, u obra de teatro, es un cuento que se cuenta con personajes que se hablan unos a otros.
- El **narrador** cuenta detalles de lo que sucede en la obra de teatro.

Escucha y **mira** la página 30.

Comenta y **escribe** las ideas que tienen los personajes para ayudar a la mamá.

Coméntalo

¿Cuáles son algunas diferencias entre una obra de teatro y un cuento?

Personaje	Lo que dice el personaje

Ayudar en casa

Paso 1 **Comenta** lo que pueden hacer los niños para ayudar en casa.

Paso 2 **Escribe** preguntas acerca de maneras que tienen los niños de ayudar en casa.

Paso 3 **Entrevista** a tres compañeros. Hazles tus preguntas.

Paso 4 **Haz una lista** de las maneras de ayudar en casa que mencionaron tus compañeros.

Paso 5 **Elige** una buena manera de presentar tu trabajo.

Integrar

Haz conexiones

A guardar

A guardar, a guardar
cada cosa en su lugar.
Despacito y sin romper,
que mañana hay que volver.

Escucha la canción.

Compara lo que enseña la canción con lo que aprende Isabel en *Yosolita*.

Comenta cómo se muestra en la canción y en el cuento que los niños están creciendo.

Acuérdate

Podemos hacer y responder preguntas antes, durante y después de leer. Eso nos ayuda a entender lo que leemos y a obtener nueva información.

Lo que sé ahora

Piensa en los textos que leíste esta semana.

Los textos hablan de

Piensa en lo que aprendiste esta semana. ¿Qué más te gustaría saber? Comenta tus ideas.

Comenta algo que aprendiste acerca de los cuentos de fantasía.

Coméntalo

Pregunta esencial ¿Qué hace un buen ciudadano?

Comenta lo que hacen estos niños para ser buenos ciudadanos.

Escribe acerca de ser un buen ciudadano.

Un buen ciudadano es alguien que

Una manera de ser un buen ciudadano es

Radius Images/Alamy

Leer

Responde al Superlibro

Vuelve a contar el cuento de ficción realista.

Escribe acerca del cuento.

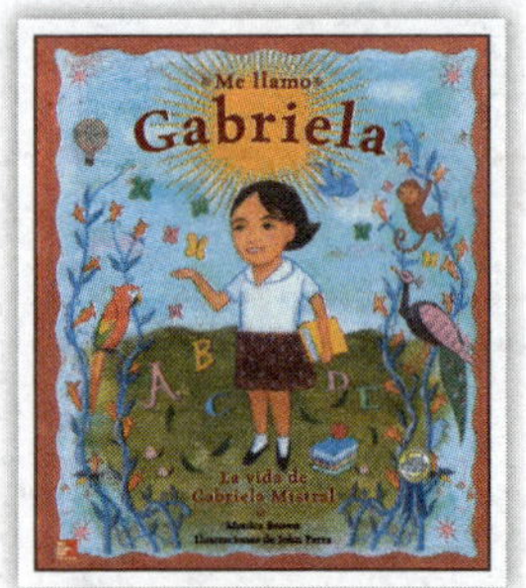

¿Quién cuenta este cuento?

Evidencia en el texto

Página

¿Cómo sabes que este es un cuento de ficción realista?

Evidencia en el texto

Página

Comenta por qué Gabriela Mistral era una buena ciudadana.

Escribe otros modos en que podemos ser buenos ciudadanos.

Releer

Superlibro

Una causa es lo que hace que algo suceda.
El efecto es lo que sucede.

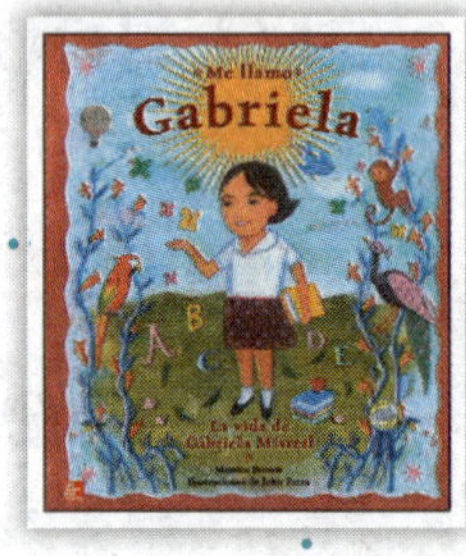

Escucha con atención parte del cuento.

Conversa acerca de las causas y los efectos en el cuento.

Escribe las causas y los efectos.

Combina información

En este relato, Gabriela cuenta que le encantaba jugar a la escuela. Sus palabras en la página 25, ¿cambian lo que sabías de ella?

Causa

Efecto

Causa

Efecto

Releer

Superlibro

Escucha y **mira** las páginas 10 y 11.

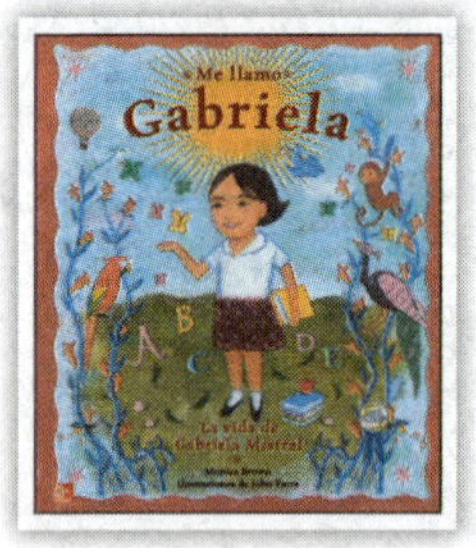

Comenta qué parte de la ilustración muestra lo que Gabriela imagina.

Dibuja y **escribe** lo que hace Gabriela y lo que imagina.

Lo que hace	Lo que imagina

Escucha y **mira** las páginas 26 a 28.

Comenta por qué el ilustrador incluyó a niños de varios países en la página 28.

Dibuja y **escribe** de qué trataba alguno de los cuentos de Gabriela.

Los cuentos de Gabriela tratan de

Lectura compartida

Buscar evidencias

Lee el título. Mira la ilustración. Haz las preguntas que tengas antes de leer.

Encierra en un círculo las palabras que tienen la sílaba **ci**.

El camino de la bici

Matías Gómez

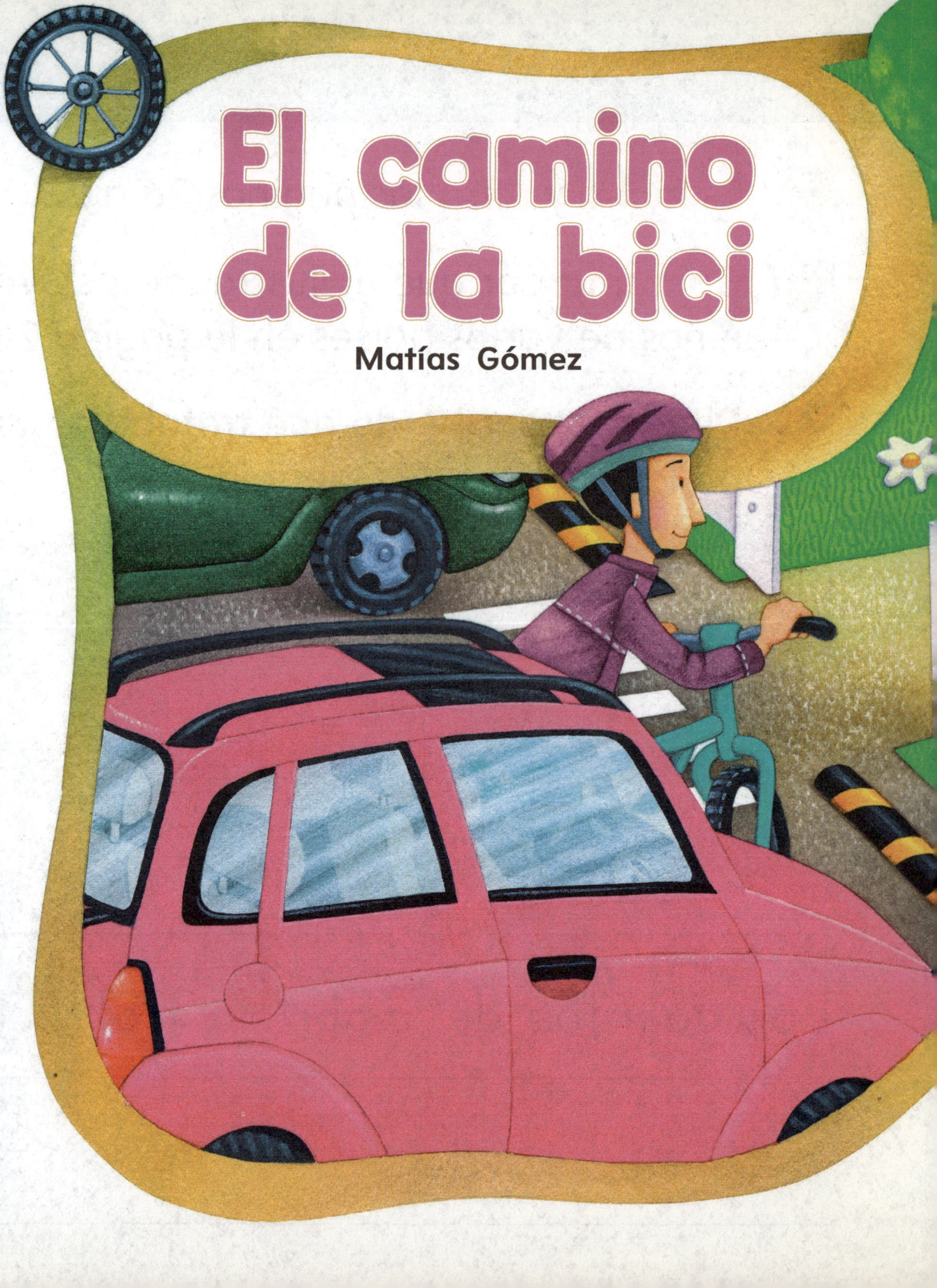

—¿Eso va en mi cabeza?
—Eso va en tu cabecita.
¡Es el equipo de la bici!

Lectura compartida

Buscar evidencias

Subraya las palabras que empiezan con la misma sílaba que **cerro**.

Encierra en un círculo la palabra **también**.

Ceci va en bici por el camino.
Ciro también va por allí.
¡Es el camino de la bici!

Ciro está en la fila.
Está en la fila con Ceci.
¡Qué rico se ve eso!
¡Es la fila en el camino
de la bici!

Lectura compartida

Buscar evidencias

Haz las preguntas que tengas mientras lees. Lee para hallar las respuestas.

Encierra en un círculo la palabra que rima con **tubo**. Encierra en un círculo ese objeto en la ilustración.

El palito va en el cubo.
La tacita también va allí.
¡Es el cubo de la basura!
¡Es el cubo en el camino
de la bici!

Ceci mira para allí.
Ciro mira para allá.
—¡Vamos a casa! —dice papá.
¡Es la calle en el camino
de la bici!

Lectura compartida

Buscar evidencias

Subraya la palabra **con**.

Mira las ilustraciones para buscar claves si no entiendes algo. Luego, vuelve a contar el cuento.

La policía toca el pito.
Papá pasa con el carro.
Ciro saluda con la mano.
¡Es la policía en el camino de la bici!

Aquí está la casa.
La vecina saluda.
Papá la saluda con la bocina.
¡Así es el camino de la bici!

Releer

Lectura complementaria

Mira las fotos. ¿Qué hacen estos niños para ser buenos ciudadanos?

Conversa y **escribe** acerca de lo que hacen estos niños.

¿Qué sucederá con las botellas de plástico? ¿Cómo lo sabes?

Escucha este texto. ¿Cómo se sienten estos niños acerca de la limpieza?

Subraya las claves de las oraciones y el pie de foto.

Encierra en un círculo las claves de la foto.

Acuérdate

Los **pies de foto** dan información acerca de lo que vemos en las fotos.

¡Nos comprometimos para hacer de nuestro vecindario un lugar mejor!

¡Bien hecho!

Coméntalo

Comenta por qué el autor eligió el título "¡A limpiar en equipo!" para este texto.

Ariel Skelley/Blend Images/Getty Images

Integrar

Búsqueda e investigación

Cómo ser un buen ciudadano

Paso 1 **Conversa** acerca de las cosas que hacen los buenos ciudadanos.

Paso 2 **Escribe** preguntas sobre cómo ser un buen ciudadano.

Paso 3 **Entrevista** a trabajadores de la escuela y a estudiantes. Hazles tus preguntas.

Paso 4 **Escribe** en la tabla lo que aprendiste.

Nombre	Idea sobre cómo ser un buen ciudadano

Paso 5 **Elige** una buena manera de presentar tu trabajo.

Integrar

Haz conexiones

Comenta la obra de arte. ¿Por qué Paul Revere fue un buen ciudadano?

Compara esta obra de arte con "¡A limpiar en equipo!". ¿Qué indican la obra de arte y el texto sobre lo que hacen los buenos ciudadanos?

Acuérdate

Podemos mirar obras de arte para obtener información.

Paul Revere vivió hace más de 200 años. Avisó a su pueblo que llegaban los soldados británicos.

Lo que sé ahora

Piensa en los textos que leíste esta semana.

Los textos hablan de

Piensa en lo que aprendiste esta semana. ¿Qué más te gustaría saber? Comenta tus ideas.

Comenta algo que aprendiste acerca de los cuentos de ficción realista.

Coméntalo

Pregunta esencial ¿Cómo se usan los recursos de la naturaleza para hacer nuevas cosas?

Comenta lo que hace la niña con las naranjas.

Escribe el nombre de otra fruta o verdura en el óvalo de arriba. En los otros óvalos, escribe lo que puedes hacer con ella.

Bader-Butowski/Getty Images

Leer

Responde al Superlibro

Vuelve a contar el texto de no ficción.

Escribe acerca del texto. Usa algunas de las nuevas palabras que aprendiste.

Escribe dos datos importantes del texto.

1.

2.

Evidencia en el texto

Página

¿Cuál es la parte más interesante del texto?

Evidencia en el texto

Página

Conversa sobre alimentos hechos con cereales que se encuentran en tu tienda.

Escribe una lista de estos alimentos.

Releer

Superlibro

En los textos de no ficción, la información se puede contar en secuencia. La secuencia es el orden de los sucesos.

Escucha una parte del texto.

Comenta lo que sucede **primero, después** y **por último.**

Escribe lo que sucede.

Acuérdate

A veces, cuando leemos, no entendemos una parte del texto. Cuando esto sucede, podemos pensar en lo que ya sabemos acerca del tema.

Primero

Después

Por último

Releer

Superlibro

Mira las páginas 6 a 9.

Comenta qué hace el autor para que estas páginas sean divertidas de leer.

Dibuja y **escribe** las claves.

El autor hace que las páginas sean divertidas

Escucha las páginas 10 a 15.

Comenta cuáles son las palabras que usa el autor que te ayudan a saber cómo es el trigo.

Escribe las palabras que te ayudan a imaginar cómo es el trigo.

Lectura compartida

Buscar evidencias

Lee el título. Mira la ilustración. Haz las preguntas que tengas antes de leer.

Encierra en un círculo lo que es de madera en la página 61 y la palabra que nombra ese objeto. Lee esa palabra.

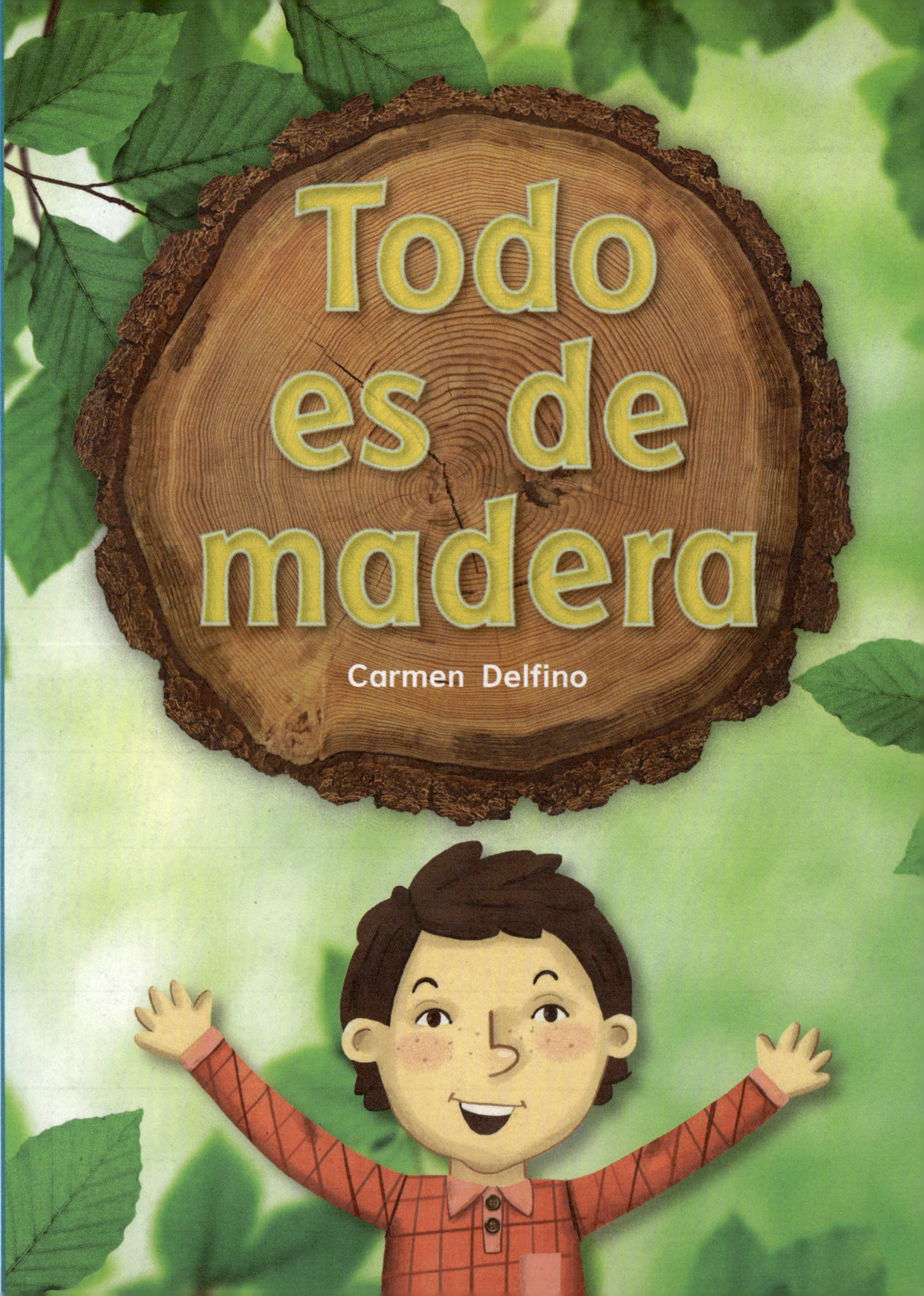

Todo es de madera

Carmen Delfino

Mi casa es de madera.

¡Mírala!

¡Es mi casa favorita!

Lectura compartida

Buscar evidencias

Subraya la palabra **hay**.

Encierra en un círculo y lee la palabra que empieza con **h** y significa lo mismo que **casa**.

El perro vigila mi hogar.

Su casa es más pequeña.

¡También es de madera!

Allí hay un pajarito.

También tiene una casa.

Su casa es de madera.

Lectura compartida

Buscar evidencias

Lee de arriba hacia abajo y de izquierda a derecha. Cuando llegues al final de un renglón, sigue con la primera palabra del renglón siguiente.

Encierra en un círculo la palabra **nuevo**.

Este es mi nuevo subibaja.

Mira qué bonito es.

Está hecho de madera.

Yo juego con mi caballo.

Mi caballo es de madera.

Corro ligero en mi caballo.

Comstock Images/Alamy

Lectura compartida

Buscar evidencias

Encierra en un círculo la palabra que termina con la sílaba **ge**.

Haz preguntas si no entiendes algo. Vuelve a leer el texto para encontrar las respuestas. Luego, vuelve a contar el texto.

Mi cama es de madera.

Es mi nave favorita.

Mi nave se dirige a la Luna.

Mira toda esa madera.

¡Imagina qué será mañana!

Releer

Lectura complementaria

Escucha una parte del texto. Mira las fotos. ¿Qué obras se hacen con cosas de la naturaleza?

Acuérdate

Para hablar acerca de las obras hechas con cosas de la naturaleza, podemos usar estas palabras:

máscaras en madera
canastas de juncos
vasijas de arcilla
alfombras de lana

Encierra en un círculo al escultor que talla una máscara.

Encierra en un cuadrado a la artesana que teje una alfombra.

Conversa y **escribe** acerca de los materiales de la naturaleza que usa cada artesano.

¿Qué usa el escultor para tallar la máscara?

¿Qué usa la artesana para hacer la canasta?

¿Qué usa la artesana para tejer la alfombra?

Coméntalo

Mira las fotos y los pies de foto en las páginas 34 y 35. ¿Qué información sobre la alfarería da el autor en ellos?

Integrar **Búsqueda e investigación**

Productos de los árboles

Paso 1 **Conversa** acerca de los productos que se obtienen de los árboles. Elige un árbol e investígalo.

Paso 2 **Escribe** preguntas sobre productos que se obtienen de ese árbol.

Paso 3 **Mira** libros o usa internet. Busca las palabras que no conozcas en un diccionario ilustrado o en línea.

Paso 4 **Escribe** acerca de lo que aprendiste.

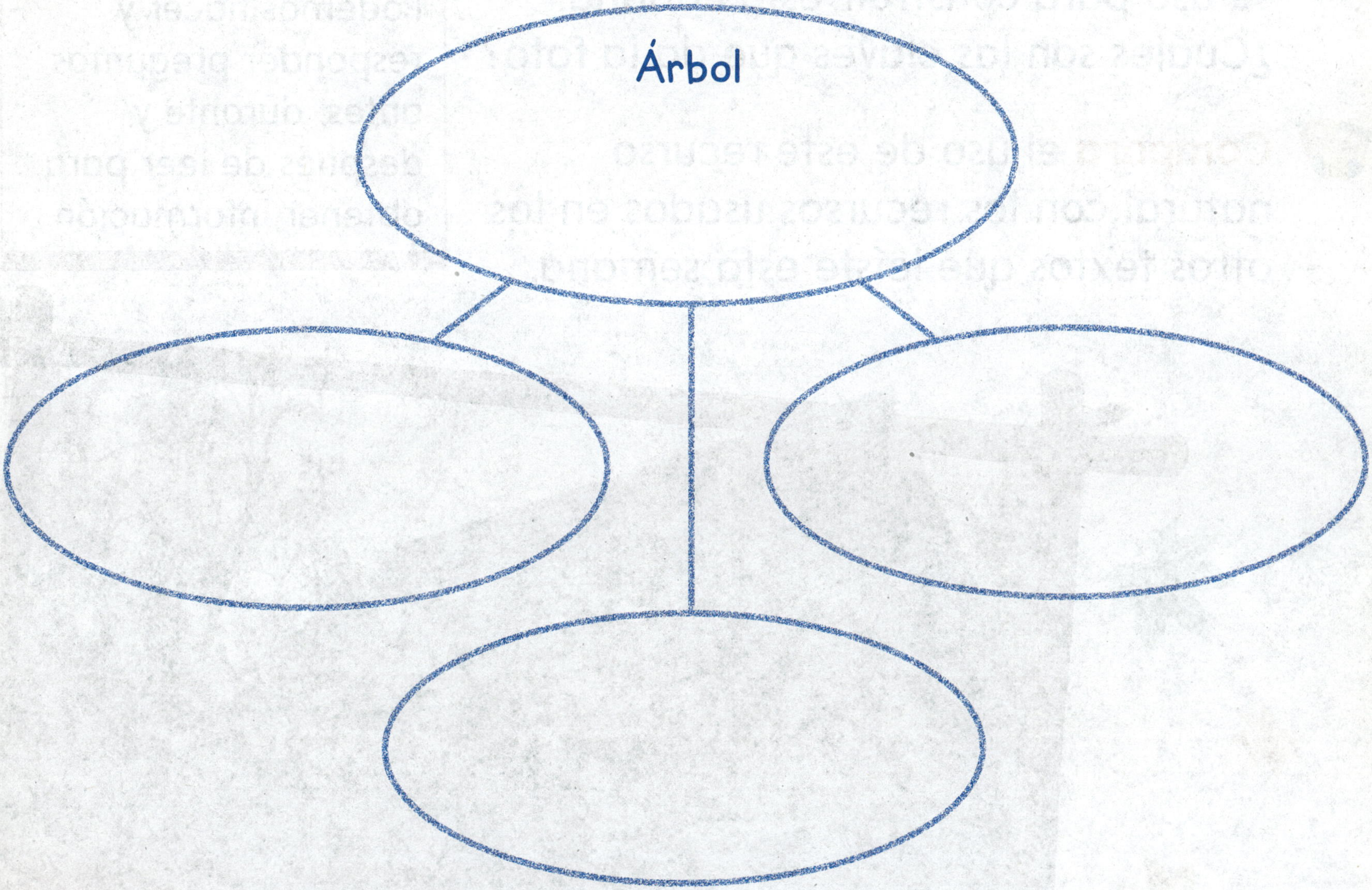

Paso 5 **Elige** una buena manera de presentar tu trabajo.

Integrar

Haz conexiones

Piensa en un recurso natural que se usó para construir esta cabaña. ¿Cuáles son las claves que da la foto?

Compara el uso de este recurso natural con los recursos usados en los otros textos que leíste esta semana.

Acuérdate

Podemos hacer y responder preguntas antes, durante y después de leer para obtener información.

Lo que sé ahora

Piensa en los textos que leíste esta semana.

Los textos hablan de

Piensa en lo que aprendiste esta semana. ¿Qué más te gustaría saber? Comenta tus ideas.

Comenta algo que aprendiste acerca de los textos de no ficción.

Tarjetas de fonética

Tarjeta	Sílabas	Palabra
Aa	a	abeja
Bb	ba be bi bo bu	bate
Cc	ca co cu	camello
Cc	ce ci	cepillo
Ch ch	cha che chi cho chu	chaleco
Dd	da de di do du	delfín
Ee	e	elefante
Ff	fa fe fi fo fu	fuego
Gg	gue gui güe güi ga go gu	guitarra
Gg	ge gi	gema
Hh	ha he hi ho hu	hipopótamo
Ii	i	iguana
Jj	ja je ji jo ju	jirafa
Kk	ka ke ki ko ku	koala
Ll	la le li lo lu	limón
Ll ll	lla lle lli llo llu	llave
Mm	ma me mi mo mu	mapa
Nn	na ne ni no nu	nido
Ññ	ña ñe ñi ño ñu	ñandú
Oo	o	oso
Pp	pa pe pi po pu	piano
Qq	que qui	queso
Rr	ra re ri ro ru -rra -rre -rri -rro -rru	rosa
Rr	-ra -re -ri -ro -ru	pera
Ss	sa se si so su	sol
Tt	ta te ti to tu	tortuga
Uu	u	uvas
Vv	va ve vi vo vu	volcán
Yy	ya ye yi yo yu	yo-yo
Zz	za ze zi zo zu	zapato

Modelos de caligrafía

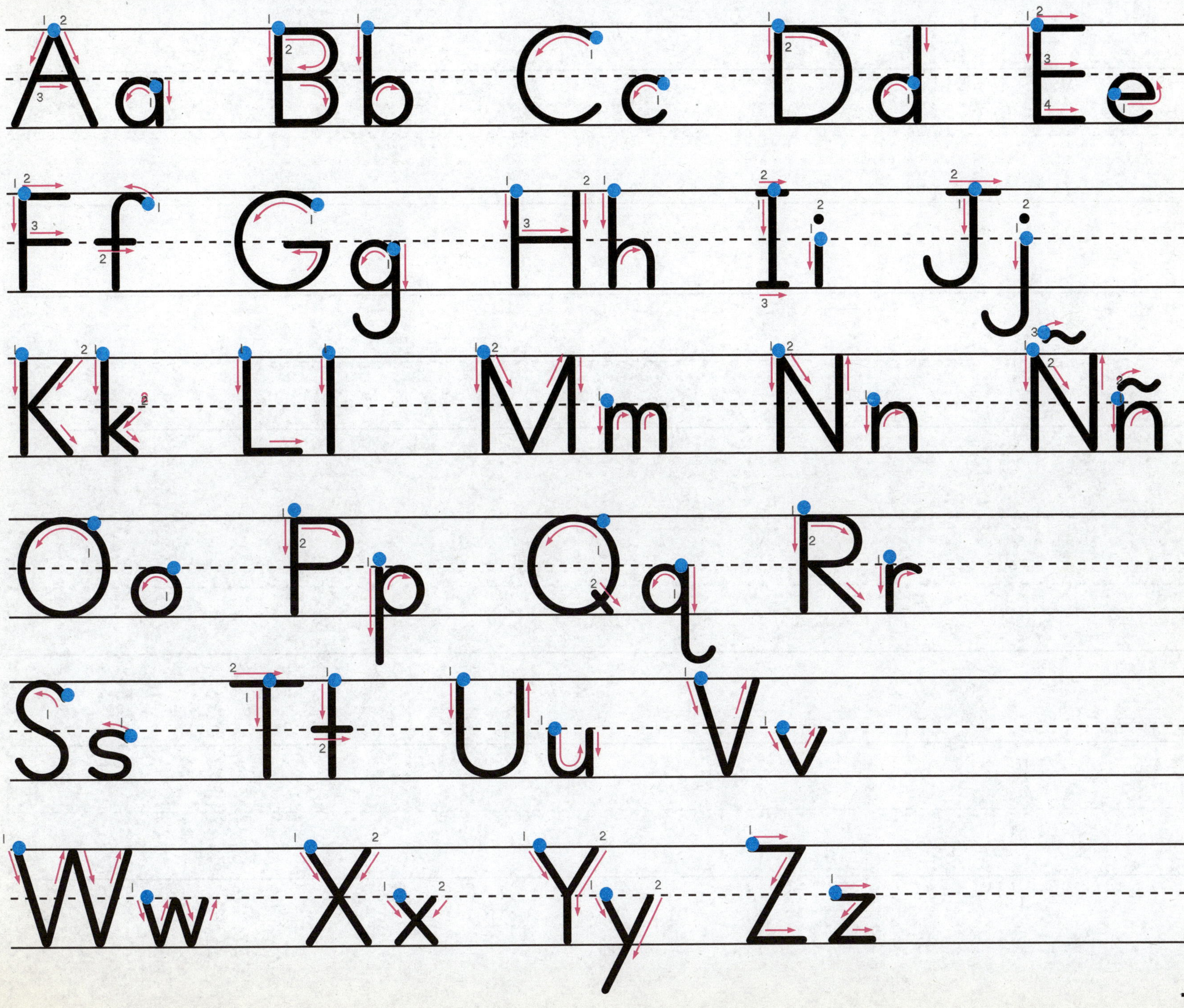